CINCO DE MAYO
IS NOT A HOLIDAY

**RAÚL
JIMÉNEZ**

**JOANNA
LARRAGA**

Le dedico este libro a la Rosita de la vida real
quien me inspira a mejorar y
seguir creando día tras día.

I dedicate this book to the real life Rosita,
who inspires me to improve myself
and keep creating day by day.

Hace mucho tiempo, había una niña Mexicoamericana llamada Rosa, pero todos le llamaban Rosita.

Once upon a time, there was a Mexican-American girl named Rosa, but everybody called her Rosita.

Rosita y su familia viajarían a México a principios de Mayo,
y ella estaba emocionada por celebrar Cinco de Mayo allí.

Rosita and her family would travel to Mexico in early May,
and she was excited to celebrate Cinco de Mayo there.

Vestida en un traje típico mexicano, fue al mercado local y gritó desde el fondo de sus pulmones: ¡Feliz Cinco de Mayo!

Dressed in typical Mexican attire, she went to the local market and yelled at the top of her lungs: Feliz Cinco de Mayo!

Pero en cada tienda que visitaban, le decían una y otra vez que no era un día festivo.

But in every store they visited, she was told time after time that it wasn't a holiday.

¿Cómo puede ser eso posible? -Preguntó Rosita-
¿Que no se supone que Cinco de Mayo es un día festivo importante?

How can that be possible? -asked Rosita-
Isn't Cinco de Mayo supposed to be an important holiday?

Si, es un día festivo, pero al mismo tiempo no lo es
-Dijo la mamá de Rosita- Te lo explicaré.

Yes, it is a holiday, but at the same time it isn't
-said Rosita's mom- I'll explain it to you.

En 5 de Mayo celebramos el aniversario de la batalla de Puebla,
que sucedió hace muchisimo tiempo, en 1862.

On May 5 we celebrate the anniversary of the battle of Puebla,
which happened long ago, in 1862.

La batalla en contra del ejército francés sucedio
por que México debía dinero a Francia y otros países europeos.

This battle against the French army happened because
Mexico owed money to France and other European countries.

En la batalla de Puebla, el General Ignacio Zaragoza repelió
al primer batallón del ejército francés desde el fuerte de Guadalupe.

In the battle of Puebla, General Ignacio Zaragoza repelled
the French army's first battalion from fort Guadalupe.

Si México ganó la batalla, -preguntó Rosita-
¿Porqué no hay una gran fiesta conmemorándolo?

If Mexico won the battle, -asked Rosita-
Why isn't there a big party commemorating it?

Porque México ganó la primera batalla de esa guerra,
pero los franceses ganaron más batallas luego y ocuparon México.

Because Mexico won the first battle of that war,
but the French actually won more battles later and occupied Mexico.

El Segundo Imperio Mexicano, liderado por el Duque de Austria, Maximiliano de Habsburgo, duró desde 1863, hasta 1867.

The Second Mexican Empire, led by the Duke of Austria, Maximilian of Habsburg, lasted from 1863 to 1867.

¡No sabía que México fuese un imperio! -Exclamó Rosita-
Pudimos haber sido princesas.

I didn't know Mexico was an empire! -exclaimed Rosita-
We could have been princesses.

En la tercera batalla de Puebla liderada por el General Porfirio Díaz,
se abolió el imperio restaurando la república.

In the third battle of Puebla led by general Porfirio Díaz,
the empire was abolished, reinstating the republic.

Pero si nadie celebra Cinco de Mayo,
¿Porqué es tan popular en los Estado Unidos?

But if nobody celebrates Cinco de Mayo,
Why is it so popular in the United States?

Zaragoza nació en Texas cuando aún era territorio Mexicano.
La celebración se extendió en Estados Unidos desde allí.

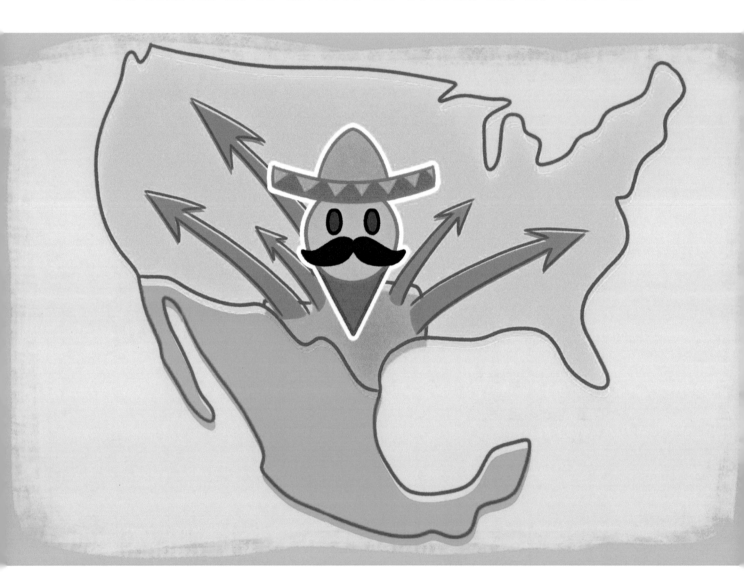

Zaragoza was born in Texas when it was still Mexican territory.
The celebration spread in USA from there.

Mientras en México, hay un desfile honrando la batalla en Puebla,
y existen monedas y billetes con la cara del General Zaragoza.

While in Mexico there is a parade honoring the battle in Puebla,
and there are old coins and bills with General Zaragoza's face.

Y es un día especial para los Mexicoamericanos como nosotros porque es dedicado a nuestro orgullo y herencia Mexicana.

And it is a special day for Mexican-Americans like us because it's dedicated to our Mexican pride and heritage.

Entiendo -Dijo Rosita- Cinco de Mayo no es día festivo,
pero más o menos sí lo es.

I understand -said Rosita- Cinco the Mayo isn't a holiday,
but it actually kind of is.

Exacto, lo es en algunos lugares, y para algunas personas.
Como el carrito de ese elotero.

Exactly, it is in some places and for some people.
Like the stand of that elotero.

Rosita no fue al desfile ese año,
pero disfrutó comer bocadillos en las calles de México.

Rosita didn't go to the parade that year,
but she enjoyed eating snacks on the streets of Mexico.

Al final, Rosita fue feliz de viajar, aprender un poco de historia y de pasar tiempo de calidad con su familia.

In the end, Rosita was happy to travel, learn a lil bit of history and to spend quality time alongside her family.

THIS BOOK WAS MADE BY:

Raúl Jiménez, co-creador de Chicano Junior, es un escritor de Tampico Tamaulipas, México, y regularmente escribe sobre México. Para los padres interesados en México y la cultura mexicana, pueden encontrar su libro sobre jerga mexicana "Mexislang" (+18) en Amazon y Audible, así como "The Gringo Guide To Moving To Mexico", una guía con toda la información necesaria para vivir en México.

Raúl Jiménez, co-creator of Chicano Junior, is a writer from Tampico Tamaulipas, Mexico, and often writes about Mexico. For parents interested in Mexico and Mexican culture, you can find his book on Mexican Slang, "Mexislang" (+18), on Amazon or Audible, as well as "The Gringo Guide to Moving to Mexico," a guide with all the necessary information for living in Mexico.

Joanna Larraga (Jusagi) es una Diseñadora gráfica e ilustradora de Tampico Tamaulipas, México. Ella es sorda, y ha ilustrado un par de libros de mitos y leyendas de Raúl Jiménez. Espera lanzar su propia historieta sobre el Titanic en 2023.

Joana Larraga (Jusagi) is a Graphic designer and illustrator from Tampico Tamaulipas, Mexico. She is deaf and illustrated a pair of myths and legends books by Raúl Jiménez. She hopes to launch her comic book about the Titanic in 2023.

CONTACT INFORMATION

 Mexican Author Raúl Jiménez

 black_condor

 JoannaLarraga (Jusagi91)

 jusagi91

BILINGUAL BOOKS YOU MAY LIKE

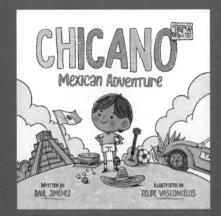

CHICANO JUNIOR SERIES

POR FAVOR APÓYANOS
CON UNA RESEÑA.

PLEASE SUPPORT US
WITH A REVIEW.

Made in United States
Troutdale, OR
04/25/2024

19445667R00019